科斯：外部效应

[韩]崔炳模　李秀珍　著
[韩]朴容硕　绘
卓颖如　译

经典经济学
轻松读

中国科学技术出版社
·北京·

External Effect by Coase
©2022 Jaeum & Moeum Publishing Co.,LTD.

Devised and produced by Jaeum & Moeum Publishing Co.,LTD., 325-20, Hoedong-gil, Paju-si, Gyeonggi-do, 10881 Republic of Korea
Chinese Simplified Character rights arranged through Media Solutions Ltd Tokyo Japan email:info@mediasolutions.jp in conjunction with CCA Beijing China
北京市版权局著作权合同登记 图字：01-2022-5733。

图书在版编目（CIP）数据

科斯：外部效应/（韩）崔炳模，（韩）李秀珍著；（韩）朴容硕绘；卓颖如译. -- 北京：中国科学技术出版社，2023.8
 书名原文：External Effect by Coase
 ISBN 978-7-5236-0268-3

Ⅰ.①科… Ⅱ.①崔… ②李… ③朴… ④卓… Ⅲ.①科斯(Coase, Ronald Harry 1910-2013)—经济思想—研究 Ⅳ.① F097.12

中国国家版本馆 CIP 数据核字（2023）第 093050 号

策划编辑	申永刚　于楚辰	封面设计	创研设
责任编辑	任长玉	责任校对	焦　宁
版式设计	蚂蚁设计	责任印制	李晓霖

出　　版	中国科学技术出版社
发　　行	中国科学技术出版社有限公司发行部
地　　址	北京市海淀区中关村南大街 16 号
邮　　编	100081
发行电话	010-62173865
传　　真	010-62173081
网　　址	http://www.cspbooks.com.cn

开　　本	787mm×1092mm　1/32
字　　数	49 千字
印　　张	4.75
版　　次	2023 年 8 月第 1 版
印　　次	2023 年 8 月第 1 次印刷
印　　刷	大厂回族自治县彩虹印刷有限公司
书　　号	ISBN 978-7-5236-0268-3 / F・1175
定　　价	59.00 元

（凡购买本社图书，如有缺页、倒页、脱页者，本社发行部负责调换）

序言

罗纳德·哈里·科斯（Ronald Harry Coase）是通过法律和制度等分析经济，开辟法律经济学、新外部效应制度经济学、交易费用经济学领域的经济学家。他主张，在没有政府介入的情况下，人们可以解决市场上发生的外部效应问题。

这里的外部效应指的是，一个人的行为给其他人带来的意想不到的好处或损失。这本书通过日常生活中可能发生的各种事件，通俗易懂地说明了什么是外部效应。

科斯认为，在发生外部效应时，"财产权"在谁的手中并不明确，因此会产生问题。他还主张，作为经济主体的当事人通过"交易费用"这一新概念，可以直接解决外部效应的问题。

这就是著名的"科斯定理"。科斯定理表明，即使不依靠法律结构，人们也可以解决经济问题。

因为出现了很难理解的词语，所以现在就开始紧张了吗？别太担心。听科斯老师讲故事，大家在不知不觉间就会沉迷在经济学的乐趣中了。

《科斯：外部效应》这本书旨在帮助大家了解市场失败的外部效应是什么，并一起思考如何解决由此产生的问题。另外，与其只提出难以理解的经济理论，不如结合与社会问题相关的部分事例，让大家进行更深层次的思考。

希望本书能成为大家关注现实经济问题、进行更深层次思考的契机。

崔炳模　李秀珍

独家访谈 | 罗纳德·哈里·科斯

古典学派经济学者的伟大成就

您好，我是本书的独家记者。今天受邀而来的是曾获得诺贝尔经济学奖的罗纳德·哈里·科斯老师，让我们听一听外部效应的故事，度过一段有趣的时光。在学习开始之前，我们先对科斯老师进行一段简单的采访。

记者： 老师，您好。我们可以先聊聊老师的童年吗？

科斯：我是家中独子，1910年12月29日出生于英国伦敦的威尔斯登。现在有很多人是独生子，但在那个时代却非常罕见。当时我的父母都在邮局工作，所以没有兄弟姐妹的我，度过了一个孤独的童年。再加上身体虚弱，比起和朋友们相处，我独自下国际象棋的情况更多。我的腿部有先天性的残疾，直到10岁，我还没有接受过任何教育。

记者：老师是从什么时候开始在学问上初露锋芒的呢？

科斯：我的父母都在12岁后就辍学了，他们对学术工作一无所知，同时也不感兴趣。记忆中，我多数时候是在没有父母帮助的情况下

独自学习。但是家母教导我要诚实，正是因为全心尊奉母亲的教诲，我才能坚持诚实地致力于学问的态度。由于从小认真学习，所以我从中学时期开始慢慢在学问上崭露头角，之后经过两年的准备，我终于在大学二年级通过了考试，以插班生身份进入了伦敦经济学院。

记者：在大学四年级之前，您都没有学习过经济学，是什么使您对经济学产生兴趣了呢？

科斯：在学生时代，比起数学，我更关心化学，所以即使进入伦敦经济学院，我在大学四年级之前也没有学习过经济学。我之所以对经济学产生了兴趣，是在偶然参加了阿诺德·普兰特（Arnold Plant）教授的研讨会之后。我从那时候开始学习经济学，到现在为止做了很多研究。

记者："当初如果早一点学习经济学就好了"——您有没有过这样的想法呢？

科斯：完全没有，因为是通过偶然的途径接触了经济学，所以我认为自己享受到了在传统经济学中无法享受的自由。我之所以能比别人更具有独创性的思考方式，也是因为这个原因。

记者：您大学毕业后，做了哪些独创性研究呢？

科斯：比别人晚一步开始学习经济学的我，大学毕业时被选为奖学金获得者，同时我考察了一些美国工业制造中心。以当时的经验为基础，1937年我发表了名为《企业的性质》(*The Nature of the Firm*)的著名论文。

该论文通过交易费用的概念，说明了企业如何追求效率。实际上，比起人们以个体为单位展开合作，建立像公司一样的组织会更有效率。这是因为企业把交易费用最小化了。

但该论文在当时并没有受到太大关注。因为自亚当·斯密（Adam Smith）以来，大多数经济学家认为可以通过价格机制调整经济体系，而交易费用的概念听起来很陌生。此后，我在1960年发表的名为《社会成本问题》（*The Problem of Social Costs*）的论文被评价为为政府介入市场提出了新的视角。最终这两篇论文得到了认可，获得了诺贝尔经济学奖。

记者： 您在1994年以"诺贝尔奖获奖者的一生"为主题进行了演讲，您对此印象最深的一句话是什么呢？

科斯： 当时我是这么对大家说的。

"我只是默默地研究了自己感兴趣的领域，

如同每天收集新砖头，直到到达某个地点后，我才能知道自己走的是什么路。一直以来收集的砖头成为我经济学理论的基石，给我的人生带来了某种奇迹。我相信，如果大家能够默默地研究自己的领域，总有一天也会像我一样看到光芒。"

记者： 是的，谢谢您说了一段这么感人的话。

科斯： 我还想补充一句。希望接下来的内容能让大家觉得有趣。

记者： 好的，真的很期待。通过这次采访，我们好像更了解科斯老师一点了，关于外部效应的故事，大家将通过接下来的内容来了解。那么，采访到此结束了。

以上是本书独家记者的报道。

第一章　初识外部效应 / 1

外部效应是什么 / 3

旁若无人 / 11

第二章　正外部效应 / 17

果园主和养蜂人 / 19

教育的外部效应 / 22

过路人与外部效应 / 28

扩展知识　｜疾病预防的必要 / 35

第三章　负外部效应 / 41

电影院里发生的事 / 44

保障眺望权和采光权 / 46

禁烟 / 48

全球变暖的主因 / 54

第四章　解决外部效应 / 65

外部效应是市场失灵的原因 / 67

如果我们自行解决的话 / 72

农夫和牧场主人的协商 / 76

为了解决外部效应，政府的努力 / 90

第五章　公共物品和公地悲剧 / 101

财物的特性 / 103

公共物品不足的原因 / 110

公地悲剧 / 118

扩展知识 | 超越公地悲剧 / 125

结语　没有交易成本的话…… / 129

第一章

初识外部效应

我们在进行经济活动时，会做出给别人带来好处或损害的行为。虽然不是有意的，但是在经济学上，对其他人产生的影响都称为外部效应。

外部效应是什么

我们必须为获得日常生活中需要的财物（东西）或服务而付出一定的代价。在市场上，消费者和生产者之间会为这些财物或服务设定适当的价格，并据此进行交易（图1-1）。

价格就像信号灯一样，它发出信号，让参与市场的

图1-1 市场通过价格机制，实现有效配置资源的功能

第一章 初识外部效应 ◆ 3

人合理行动，从而调节市场，正是在这个过程中，资源得到有效配置。所以现在也有很多人说，市场是最有效率的。

但是，我们周围还有很多经济问题，由此可以看出市场也有可能会失灵。最具代表性的是市场发生"外部效应"的情况，它是指因为市场外部发生经济行为而产生的问题，"外部效应"因此得名。也就是说，市场内部很难自行解决问题。

事实上，最先使用外部效应这一词的人是阿瑟·塞西尔·庇古（Arthur Cecil Pigou）和弗朗西斯·巴托（Francis Bator）教授。1920年，庇古在

> **阿瑟·塞西尔·庇古**
> 作为英国的经济学家，奠定了福利经济学的基础，并强调了税收的有效性。
>
> **弗朗西斯·巴托**
> 作为首次使用市场失灵一词的经济学家，发表了一般均衡理论和福利经济学的相关论文，为经济学领域做出了巨大贡献。

他的著作《福利经济学》(The Economics of Welfare)中，使用"外部效应"一词解释了环境问题。环境问题可以说是理解外部效应最合适的事例。

另外，巴托在1958年发表的论文《市场失灵的剖析》(The Anatomy of Market Failure)中，将外部效应看作市场失灵的原因之一，引起了学界的极大关注。

尽管众多学者和前辈已经开展了许多研究，但我还是要在此详述我的理论，因为它提出了解决外部效应的新方法。本书的内容不仅可以帮助我们了解外部效应，还可以帮助我们了解其解决方法。

外部效应在我们的日常生活中很常见，让我们通过各种有趣的事例来学习吧。

首先,在第一章,我们将会详细了解什么是外部效应。

听听下面的故事吧。

小明和小红从小就是非常要好的朋友。小明家的前院有一棵老柿子树,是他爷爷小时候种的。那棵柿子树上结的柿子的味道很甜,足以在市场上以高价出售。小明爷爷在去世之前留下了遗言:在任何情况下都不能移走柿子树,只能在那个位置栽种。小明按照爷爷的遗言,在前院种柿子树,收获柿子。但是住在隔壁的小红家因此遭受了很大的不便,因为柿子树遮挡了小红家的阳光,导致他家一年四季都背阳,房间里黑黑的。

各位,小明和小红家之间出了什么问题?

"因为小明家中的老柿子树,导致小红家

正经历着看不到阳光、只能生活在阴暗处的不便。"

> 外部效应是指一个人的经济行为给其他人带来意想不到的好处或损失,却对此没有收取任何费用,也没有支付任何费用的现象。

这个故事是我们生活中完全可能经历的事情。小明家虽然完全没有故意这样做,但是却正在给小红家带来不便。但是小明要遵守爷爷的遗言,不能将柿子树砍掉或移到他处,因此小红家的不便今后还会持续下去。在这种情况下,最大的问题是小明家的行为对小红家的利益造成伤害,但不会付出任何代价。而且,其代价在市场上也没有设定一定的价格,因为这不是市场内部发生的问题。

一个人的行为无意中对别人的效用产生的影响被称为外部效应(external effect)或外部性(externalities)。正如前文所说,这些问题发生在市场的外部,所以即使效用发生变化,当事人也不能因此收费或不用为其付费。

"科斯老师,效用是什么意思?"

效用可以当作"幸福",也可以理解为大家做某件事时得到的快乐或没有痛苦的状态。从经济学角度来说,效用是购买某种商品时得到的满足感。

例如,发挥一下想象,在一个炎热的夏天,大家一起去了棒球场。无论我们多么喜欢棒球比赛,如果天气太热,观看的兴致也不会特别高,但是如果这时候买来凉爽的饮料解渴,我们就会感到满足吧?这种满足感就叫做效用。

　　但这是非常主观的感觉，所以即使是同样的财物，人们感受到的效用大小也会各不相同。所以要知道，我们不能客观上明确地测定效用的大小。

让我们重新回到关于外部效应的话题,韩国有句俗语叫"堂兄弟买地也眼红",指堂兄弟买地增加财产的话,我就会产生羡慕和嫉妒的心情。

在这里堂兄弟购买土地的行为与我没有直接关系,但我却感到不舒服。当然,堂兄弟并不是有意让我不舒服。这句俗语可以看作是因一个人的行为而让另一个人遭受无意伤害的外部效应事例。

"科斯老师,还有别的俗语吗?"

类似的俗语还有"吃鸡又吃蛋",讲的是一位农夫在清理田间时,发现了一只正在产蛋的野鸡,等这只鸡产完蛋后再把它杀掉,吃蛋又吃鸡，其意思是一举两得。可以说，这也是很能反映外部效应的事例。

由于这种性质，其他学科将外部效应称为溢出效应（spill-over effects）、邻里效应（neighborhood effects）、第三方效应（third-party effects）。

旁若无人

中国西汉时期的历史学家司马迁，被誉为是中国最伟大的历史学家之一（图1-2）。在他著述的《史记》中的《刺客列传》中使用了"旁若无人"一词。这一成语用于形容完全没有意识到周围还有其他人而擅自行动，

图1-2 司马迁

其来源于以下故事。

在中国战国时代末期，秦始皇统一天下之前，当时试图暗杀秦始皇而失败的刺客中，有一位叫荆轲的人。他虽然是卫国人，但卫元君[①]并没有授给他任何官职，所以他辗转于多个国家，在燕国，荆轲遇到了擅长击筑[②]的高渐离。荆轲和高渐离一个击筑一个唱歌，配合默契，很快就成了好朋友。

> **筑**
> 和玄琴差不多的乐器。

两人经常饮酒，喝得似醉非醉以后，高渐离就会演奏，荆轲就和着节拍在街市上唱歌。感情涌上心头时，二人便会相拥而泣，好像身旁没有其他人的样子（旁若无人）。

[①] 战国时期，卫国的第四十三位国君。——编者注
[②] 筑：筑是中国古代的一种击弦乐器，形似筝，有十三条弦，弦下边有柱。——译者注

如上所述，旁若无人的本意是指毫无顾忌、光明正大的态度。但是其意思逐渐改变，后来演变为肆意妄为、无礼、骄傲的态度。类似的成语有目中无人、放辟邪侈①等。

在社会中，我们必须经常思考自己与他人的关系，因为我们的行为会对别人产生某种影响。如果我们毫无顾忌、随心所欲地行动，就可能会给别人造成伤害。

将某些人的行为给别人带来意料之外的好处或损失时旁若无人的态度和外部效应问题联系起来思考，我们会更容易理解外部效应。

到现在为止，我们简单地了解了一下外部效应的含义。外部效应可以分为某种经济主体

---

① 放辟邪侈，汉语成语，拼音 fàng pì xié chǐ，意为肆意作恶。——译者注

> 发生外部效应时,根据该效应是否给他人带来好处或造成损失,将其分为正外部效应和负外部效应。

的行为给其他经济主体带来收益或积极影响的"正外部效应(外部经济)"和带来不便或损失的"负外部效应(外部不经济)"。在下一章,我们将详细了解一下什么是积极的外部效应。

第二章

正外部效应

有时候我们无意中的行为会对别人产生积极的影响。这种情况下,我们的行为在经济学意义上产生了正外部效应。

果园主和养蜂人

人们在日常生活中有时会获得意想不到的满足和喜悦,你有没有因为自己的某种行为给别人带来利益,或者因为别人的某种行为而获得利益的经验?这一章,我们会学习正外部效应。让我们先看看下面的故事吧。

在某个山村里,经营果园的小明家种了很多苹果树。住在果园附近的小红家则在养蜂,小红一家为了收集蜂蜜，制作了蜂箱，用蜂箱组成了一个巨大的养蜂园。小明家虽然担心小红家的蜂群会让他往返果园变得不便，但还是决定先观察一段时间再说。

就这样，冬天过去，春天到了。小明家的苹果树花开得比往年都多，到了秋天，小明家收获了很多苹果。收获比往年更多的苹果的小明，仔细想了想其中的原因。这时，小明想起了在果园附近养蜂的小红家，多亏了这个养蜂园，果园才能结更多的苹果。

"是只有小明家的果园获益了吗？"

"不一定如此，小红家的养蜂园也多亏了苹果树才得到了更多的蜂蜜。"

没错，双方都对对方产生了有益的影响。我们可以更详细地了解一下。

苹果树或梨树盛开的花被称为虫媒花，这种花是借助昆虫传粉的花。帮助传粉的代表性昆虫有蜜蜂和蝴蝶，小明家的苹果树给小红家的蜜蜂提供了充分的花粉。另外，蜜蜂在收集蜂蜜的过程中，蜜蜂身上的花粉自然地附着在花蕊上，帮助苹果树结出果实。

因此，小红养的蜜蜂越多，经营果园的小明家就越能收获更多的苹果。同理，小红家的蜜蜂不用去太远的地方寻找花，便可以在旁边的果园采蜜，产出更多的蜂蜜。这是双方给彼此带来正外部效应的例子。

> 即使某人是为了满足自己的意愿而把庭院修建得非常美丽，但周围的人也能通过这个庭院获得快乐，也可以说是产生了正外部效应。

经营果园的小明和经

第二章 正外部效应

营养蜂园的小红，谁获得了更多的好处呢？如果可以比较各自产生的正外部效应的大小的话，就能知道谁获利更多，但实际上我们很难测定其外部效应大小。

教育的外部效应

给别人带来利益的经济活动有很多。其中，学习知识、修炼人格的"教育"是正外部效应的代表性例子。那教育带来的好处有什么呢？

首先，国民接受的教育越多，对社会的贡献就会越大。因为通过教育，学术会得到发展，技术会得到进步，从而带来积极的结果。而且，受益的对象有可能超越个人，令国家或世界获益。可以说，教育带来的正外部效应的范围相当大。所以很多国家关注教育问题，积极地投资教育事业。

> **非营利机构**
> 是指不追求金钱利益的组织，学术、宗教、慈善团体等是代表性的例子。

除此之外，教育也会对国家经济整体产生直接影响。2008年8月，美国非营利研究机构兰德公司，以150多篇相关文献和著作等为依据进行调查的结果显示，人们的受教育水平越高，年薪即工资就越高，该地区的房价也会随之上涨。因为即使要支付更多的钱，大部分人也倾向于居住在教育水平高的地区。所以，我们可以看出，一个地区的教育水平和房价有很大的关系。

房价上涨意味着家庭资产增加，个人消费也会随之增加。如果家庭财产和消费增加，政府的财产税或销售税等税金收入将会大幅增

家庭财产

作为民间经济的主体，这是家庭收入和支出的统称。

财产税

对拥有一定财产的人征收的税金，特别以拥有建筑物、游乐设施、高级船舶、飞机等财产的人为对象。

销售税

是指对市场上交易的财物和劳务的销售额进行征收的一般消费税。

加，从而确保政府有更多的预算。

在许多国家，大学入学考试合格率高或教育环境好的地区的房价高是众所周知的事实。

"是的，我也看过相关内容的新闻！"

在美国加利福尼亚州的圣莫尼卡，该地区学生的平均成绩比加利福尼亚州全州的平均值高出10%~13%，圣莫尼卡与其他地区相比，平均房价也高出了5万~10万美元。另外，一组有趣的统计结果显示，在美国的芝加哥和马萨诸塞地区，随着该地区学生成绩平均提高1%，当地房地产价格也平均上涨0.5%~1%。

"喔，我这次的数学成绩比上次提高了30分，我的成绩也会影响房价吗？"

"不是的，你一个人的成绩提高是没有意义的。需要考虑该地区学生的整体成绩。这样才能证明该地区教育环境好。"

教育对整个社会产生了很大的影响。兰德公司的调查表明，一个地区的教育水平越高，不仅该地区居民患肾脏疾病、心脏血管疾病、高血压、癌症等疾病的可能性越低，他们陷入香烟、酒、毒品的危险也越低。实际上，随着教育水平提高的影响，该地区的犯罪率也会减

教育质量上升

工资、房价上升

个人消费增加

地方及中央政府的收入增加

科斯：外部效应

少。其中，杀人事件减少了27%左右，性暴力事件减少了30%左右，车辆盗窃事件减少了20%左右。其他犯罪也减少了，可见教育起到了多么重要的作用。

教育对个体也有很多积极的影响，社会科学领域的很多研究结果显示，一个地区的教育水平越高，收入水平越高，当地社会人们的生活就越稳定。因为接受教育的劳动者越多，生产效率就越高，这有助于企业创造利润，从而让个体劳动者获得更高的工资。最终，每个人都能享受教育带来的便利。正因如此，很多父母愿意在子女的课外辅导上支出很多费用。

工资
指劳动者工作后获得的报酬。

没错,就像前面所说的那样,教育会带来很多积极的效果。但教育也会带来隐患,过度的教育热会导致课外辅导费支出的增加,让家庭经济陷入困境,继而对国家经济也会产生不良影响,这也值得我们去思考。

过路人与外部效应

一些豪宅的业主会在自己的院子里种花种树,政府和开发商也会为了公益建设街道或社区公园。这样过路人自然就会获得欣赏花和树木的机会。另外,过路人还可以自由利用公园,度过愉快的时光。由于过路人不需支付欣赏花和树木还有游览公园的费用,所以,这些公园产生了正外部效应。

"科斯老师，街上美丽的建筑不也带来类似的效果吗？"

这是个很好的问题。是的，街道上美丽的建筑也能带来正外部效应。英国是一个历史建筑和现代建筑相协调的美丽国家，世界上有很多国家的人因此前来旅游。

有的建筑不仅美观，还蕴含着历史意义，因此更具价值。但是这些建筑并不是从一开始就为了赋予其历史价值而建成的，而是随着时间的流逝，自然而然地成就了它的意义。得益于此，很多游客看着美丽的建筑物感到满足，同时也铭记了其中蕴含的历史意义。

当代的大厦或大型建筑物，内外都设置了很多美丽的雕塑。大厦主人设置这样的雕塑的理由是什么呢？这有可能只是为了满足个人喜好，也有可能是为了让建筑更醒目，或是赋予建筑物审美价值，从而提高其房地产价值，如巴黎圣母院（图2-1）。

图2-1 巴黎圣母院

不管是出于哪种目的而设置这样的雕塑，路过这些建筑的人看到雕塑后，都会为之感动并获得满足。另外，即便这些雕塑成为当地有名的景点，成为任何人都能轻易找到的标志性场所，过路人也不会向大厦主人支付任何费用。从这一点来看，这是很好的正外部效应事例。

"科斯老师，正外部效应会带来好处，是好的现象吧？"

当然，但正外部效应有时也属于市场需要克服的问题之一。我会通过图2-2进行说明。

在图2-2中，右下向的需求曲线表示每多消费一单位商品对消费者产生的效用，即私人价值。在需求曲线上方，右下向的具有社会价值的社会价值曲线意味着对消费者私人价值，加上社会的外部收益。

这些曲线与右上向的供给曲线相遇，决定了价格和交易量，在没有政府介入的情况下，市场价格的均衡点在需求曲线和供给曲线交汇的点上。这一点的交易量被称为市场均衡交易量（Q_m）。

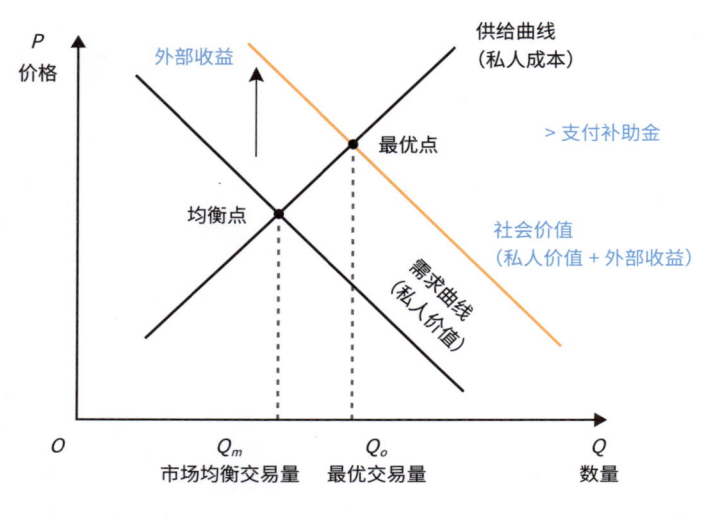

图2-2 边际收益图

但是，如果消费这一商品会发生正外部效应，会给其他人带来好的影响，那么它产生的社会价值会超过个人价值（私人价值）。从图2-2可以看出，与社会需要进行交易的最优交易量（Q_o）相比，市场均衡交易量会更少。因为享受正外部效应的其他人不会支付费用，所以供给者也觉得没有必要进行更多的交易。

我们利用前面的故事再举个例子。果园主人希望养蜂人养更多的蜜蜂，但是从养蜂人的角度来看，果园主人享受了蜜蜂带来的好处却不会付出相应的代价，因此养蜂人认为没有理由养更多的蜜蜂。与社会所希望的最优交易量相比，市场均衡交易量较少，说明的就是这种情况。

公园建成后会怎么样呢？因为公园让所有市民都受益，所以数量应当越多越好。但是，因为使用设施的人们都不支付费用，所以不会有人轻易出面建设公园。最终，如果政府财政没有按照建成公园所增加的社会福利多少给予建造者适当的补贴，社会就有可能出现问题。

这些问题在所有商品的消费和生产中都可

能会发生，即比最优交易量消费更少或生产更少，没有引起正外部效应。这时，政府可以通过发放政府奖金或补助金等，引导消费和生产达到最优交易量来解决这个问题。

扩展
知识

疾病预防的必要

　　流行病会给社会带来人员伤亡和经济损失。几年前,全世界很多国家都曾流行过甲型H1N1流感,结核病患者也还在持续增加。

　　甲型H1N1流感是一种常见的流感,通常被称为甲流。甲型H1N1流感是人、禽、猪流感病毒的遗传物质混合而出现的新型病毒。甲型H1N1流感曾让全世界一度陷入恐慌。

　　结核病方面,尽管韩国持续进行了管理,但在发病率和死亡率上,韩国在经合组织(OECD)成员国中仍居首位,韩国每年因结核病造成的社会经济损失约为8 000亿韩元。

那么,为了保护人们免受这些传染病的侵害,我们应该怎么做呢?

最重要的是预防,比如外出后一定要坚持洗手、进行疫苗接种、规律饮食、经常运动、戴口罩等。最近很多人购买免洗洗手液,随时消毒洗手,大部分的餐厅或公共场所等都配置了洗手液,任何人都可以使用(图2-3)。在这些行动的背后,我发现这与正外部效应有关。因为甲型H1N1流感或结核病等流行病具有通过病毒传染给其他人的性质。因此,如果每个人都注意个人卫生,提前接种疫苗,

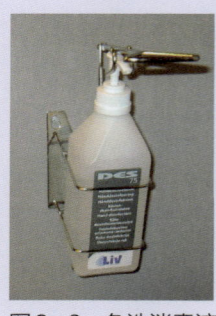

图2-3 免洗消毒液

周围人患病的危险就会相应降低。但是需要我们关注的是,这样的努力需要一定的费用。特别是在公共场所备用的洗手液,虽然任何人都可以自由使用并享受该便利,但实际费用由经营者承担。再比如,许多疫苗的费用和接种的费用都是由国家财政出资补贴的。

哟吼！

公园是大家都能使用的。

是的，大家都很开心呢。

在公园玩轮滑或者到处看看花花草草，这些能使大家高兴的就是正外部效应。

街上的造型建筑物也有正外部效应吗？

那是当然的！

嗬！

欧洲著名的建筑也给游客带来了满足感，这也是正外部效应。

看到我们班里最漂亮的智妍，

对我来说也是正外部效应。

咚 咚 咚

第三章

负外部效应

一个人的行为也会对别人产生不好的影响。通过日常生活中可能发生的各种事例,让我们来了解一下负外部效应吧。

大家有没有因为楼上的吵闹声、装修声、深夜的狗叫声而饱受困扰的经历？外部效应大多是人们在日常生活中相互作用的过程中产生的。这也包括在经济活动过程中，一个人给别人造成损失，且不支付任何费用的情况。这被称为负外部效应，我们将在这一章对此进行探讨。

> 在经济活动过程中，单方面给其他人造成伤害时，会产生负外部效应，诱发周围恶臭和噪声的情况就是典型负外部效应事例。

电影院里发生的事

许多人为了感受电影带来的乐趣和感动，都会欣然地付钱去电影院观赏，但是观影时，我们时常会因意外感到不快。为了防止这种给别人带来不快的情况，在电影开始前，电影院一定会提出下列注意事项。

· 手机调成振动模式或关机

· 不要踢前面人的座位

· 禁止拍摄照片或视频

· 不要大声喧哗

"即便如此，还是会有一些人随心所欲地行动。你都不知道我前不久看电影时有多生气，因为总是有人大声谈论电影的主人公或剧情。"

"没错,还有人把有味道的食物带到电影院,咂咂地吃。"

这种行为是在他人不遵守公德的情况下发生的。除此之外,在观赏电影的过程中,响起了尖锐的铃声,或在黑暗的地方点亮手机屏幕发短信的行为,都可以被看作是缺乏对其他人关怀的行为。如果这种情况持续下去,其他人观影的感受将会受到巨大影响。

有些人无意中伤害了他人,却对此不需付出任何代价的现象被称为负外部效应。在很多观众进出的电影院里,如果不遵守公德,给其他人带来不快,其产生的负外部效应是很大的。所以请一定要记住,在电影院遵守公德也是可以减少负外部效应的行为。

保障眺望权和采光权

我们都想在舒适的环境中生活。韩国宪法第35条第1项规定，所有韩国国民都有在健康舒适的环境中生活的权利，国家和国民要努力保护环境。下面，我与大家介绍一下人类基本权利之一的"环境权"，并介绍与此相关的事例。

在某个地区有一家很有名的酒店，这家酒店坐落在风景优美的地方，深受游客和附近居民的欢迎。但是某一天，酒店旁边建起了新大楼，引发了争议。因为新大楼把旅馆的窗户都遮挡了，酒店里的游客们不能再享受平时窗外优美、阳光明媚的风景了。对此，酒店的经营者抗议说，因为新大厦的遮挡，客房里面都没有阳光，但大厦的业主却以大厦是自己的私人财产为由，寸步不让。最后，只有游客和酒店遭受了损失。

上述情况在我们周围也能经常遇到。下面这则新闻报道是围绕一个地区的眺望权和采光权的法律矛盾展开的。

采光权

指的是保障人们在阳光下晒太阳的权利，在建造建筑物时，要考虑居住在建筑物附近的居民的采光权不受侵害。

眺望权

指人们在建筑物中可以看到窗外景观的权利。主要是为了能够看到历史遗迹或自然景物等特别景观。

保障眺望权！

保障采光权！

○○建筑施工方和附近居民之间的矛盾

居民为了阻止修建，集会抗议！

□□报纸（2010.10.20）

现在，人们的眺望权和采光权受到了法律的保护，但以前，法律没有明确赋予人们这种权利，所以发生了各种问题。因为双方没有明确的权利，所以即使一方遭受了意外的损失，也无法得到补偿。这种情况也会成为负外部效应的典型事例。

禁烟

在谈到负外部效应时，与个人健康相关的有"二手烟问题"。日常生活中，很多不吸烟的人会因为二手烟而遭受不便。学生们也有过因为大人们的二手烟而感到嗓子疼的痛苦经历吧？特别是像网吧一样的空间里，大人们的二手烟会越过吸烟区到达青少年的非吸烟者空间。虽然法律已经做出改变，现在所有的公共

场所都是禁烟区，但二手烟对非吸烟者还是会造成很大的伤害。

2008年韩国环境运动联合会与韩国保健福祉部共同主办"市民对禁止在室内及公共场所吸烟的认知度"调查，结果显示（图3-1），二

二手烟问题频发的场所（单位：%）

场所	百分比
饭店	52.8
街道	51.3
巴士站	39.1
休闲设施	38.0
工作场所	26.6
家	17.3
巴士里	1.8
学校	1.1
小区会馆	1.1
山	0.7
商店	0.7
公寓走廊	0.4
公园	0.4
市场	0.4
洗手间	0.4

"市民对禁止在室内及公共场所吸烟的认知度"
- 日期和时间：2008.1.3～6
- 对象：全国20岁以上男女505名
  （吸烟者占38.8%，不吸烟者占61.2%）
- 主办单位：韩国环境运动联合会与韩国保健福祉部

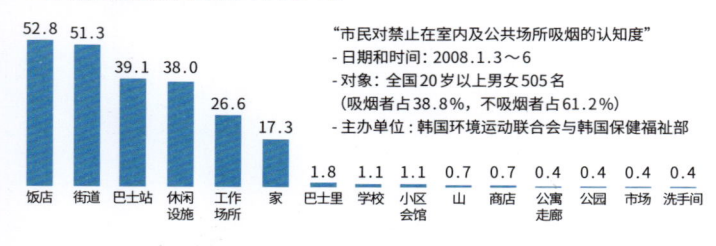

图3-1 二手烟问题频发的场所

手烟问题最严重的公共场所是餐厅和街道，其次是公交车站、休闲设施、职场和住宅中。另外，接受调查者中超过一半的人表示他们因日常生活中的二手烟问题感到不便，不仅是非吸烟者，37.6%的吸烟者也因二手烟问题而苦恼。

该调查告诉我们，因他人吸烟而受到伤害的人不在少数。甚至有71.3%的被调查者表示赞成在所有公共场所禁止吸烟，可见二手烟问题有多么严重。

让我们重新思考一下二手烟问题与负外部效应相关的事。正如前面所说，在允许吸烟的空间里，如果一个人吸烟，其他非吸烟者会感到不愉快。这是无意中侵害他人的情况，可以说是负外部效应的代表性事例。因为吸烟的人不会向被迫吸二手烟的人支付任何费用。

吸烟还会引发很多其他的问题。比如因为吸烟引起疾病，导致医疗费增加的情况。

"为了健康，我们不应该吸烟，也应该避免吸二手烟。"

"但是最近吸烟的学生越来越多，很令人担心。"

是的，学生时期正是长身体的时期，香烟中的有害物质会妨碍学生正常的身体发育，对健康也会产生不良影响。部分青少年为了向朋友们显摆，或者因为好奇而尝试吸烟，希望正在读这本书的大家绝对不要有这样的举动。

让我们来看一下吸烟带来的其他问题。如果保险公司预测吸烟者的健康更容易出问题，最终导致医疗费增加，那么在这种情况下，保险公司可能会制定与健康相关的附加条款，并对此征收较高的保险费，我们能否将其视为负外部效应呢？

"高额保险的分配应该根据对象而有所不同。"

没错，但当因吸烟者而增加的保险费由其他投保者分摊时，便可视为吸烟者的这一行为产生了负外部效应。从其他投保者的立场来看，正是吸烟者群体的医疗费用增加，导致其他的投保者受到了不正当的经济损失。再加上，如果出现因不参保的吸烟者使其所产生的医疗费用都转嫁给第三者的情况，那也可以看作是负外部效应。

但是，如果保险公司只对相关吸烟者制定较高的保险费，那就不能认为吸烟者的行为产生了负外部效应。

让我们了解一下政府提供的医疗保险吧。与上述情况一样，吸烟者的健康隐患提高了保险费。在这种情况下，提高的保险费也会由不吸烟的投保人分担，这产生了负外部效应。为了解决增加的医疗费用，政府可能会增加税金，并由社会成员共同承担。

除此之外，吸烟也会成为引发火灾的因素。火灾会给人们带来巨大的经济损失和痛苦，在灭火过程中也会产生很多费用。但是因为没有人去支付这些费用，所以也产生了负外部效应。我们有必要考虑如果发生对其他经济主体造成巨大损失的负外部效应时，会产生多少社会费用（图3-2）。

图3-2 消防队员们正在扑救可能由烟头引起的火灾现场

全球变暖的主因

以地球变暖为代表的环境问题，也会引发比我们想象中更严重的负外部效应。从现在开始，我们就从经济学的角度去了解全球变暖问题。

大家有没有想过如果汽车的尾气大量排

放，会对环境产生什么样的影响？随着二氧化碳的排放量增加，地球就会出现暖化现象，这不仅影响到韩国，也会影响到其他国家。暖化现象是指包括大气污染在内的各种原因导致地球表面平均温度上升。

> 地球因温室气体排放而发热。不能再因为我们的自私而破坏环境了。

二氧化碳
是指生物呼吸或发酵时产生的气体，还有碳或化合物燃烧时也会产生二氧化碳。

由于气温上升，北极的冰川正在融化，科学家们预测在100年内，孟加拉国、图瓦卢等多个国家有可能会消失在海洋中。因此，在1997年的《京都议定书》中，同意直到2010年为止将温室气体排放量减少到1990年基准的5%。为了

温室气体
是指通过吸收从地面辐射的部分能量而产生温室效应的气体，主要以地球大气中存在的二氧化碳、甲烷、二氧化氮等为主。

解决地球变暖问题，人们在全世界范围内都开始做出努力。

但是，明知问题如此严重，为什么大家不减少汽车的使用呢？

"因为，无论去哪里，乘坐汽车都是很方便的。"

是的，因为人们通过方便地出行而得到效用，所以会一直使用汽车。尽管这是污染环境的行为，但由此获得的效用更大，所以人们认为没有必要放弃乘坐汽车。特别是环境问题的危害不会马上出现在人们眼前，导致很多人很容易认为保护环境是别人的事情。这些只顾提高自己效用的行为，最终还是对地球环境造成了严重的伤害。

也有人主张,全球变暖的主因是类似家中饲养的牛、羊等反复将食物咀嚼的家畜,即反刍动物[①]。反刍动物的特点是会在消化食物的过程中在胃中将食物发酵,产生甲烷气体,然后通过打嗝或屁排出。

> 人们在开车的过程中,会将要支付的个人费用和由此获得的便利进行比较,决定是否开车。
>
> 但是,大部分人完全不考虑周围人因尾气排放感受到的痛苦和环境污染,也不想因此减少开车出行的次数。

当然,也有人认为由此产生的甲烷量并不多。但是,据说牛排放的甲烷比二氧化碳对全球变暖的影响更大。实际上,一头牛每年排放的甲烷约为47千克,以二氧化碳为量为单位换算,相当于每年排放了1100多千克的二氧

[①] 反刍是指进食经过一段时间以后将在胃中半消化的食物返回嘴里再次咀嚼,反刍动物就是有反刍这种消化方式的动物。——译者注

化碳。特别是奶牛，每头每年足足可以排放2860千克的二氧化碳（图3-3）。

图3-3 有观点认为，牛在畜牧过程中排出的甲烷气体成为全球变暖的主因

反刍动物温室气体排放量逐渐增加的原因是人类对其的需求量在增多。世界著名经济学家兼文化评论家杰里米·里夫金（Jeremy Rifkin）在《肉食终结》（*Beyond Beef*）一书中主张，由于人类的欲望，牛肉的消费量正在增加，而只有减少肉类消费量，才能保护环境，解决世界的饥饿问题。

2007年获得诺贝尔和平奖的联合国政府间气候变化专门委员会前主席拉津德·帕乔里

（Rajendra Pachauri）表示，在生产1千克牛肉的过程中会产生36.4千克二氧化碳，其产生的热量相当于一辆轿车行驶250千米或打开100瓦的灯泡20天所产生的热量。这说明人们摄取的肉食越多，环境问题就越多。

我们做的很多事情，都无意中污染了环境，让地球"生病"。让我们用图3-4说明一下环境污染带来的负外部效应。

在图3-4中，右下向的曲线是消费者对牛肉的需求曲线，右上向的是供给曲线。在没有政府介入的情况下，市场上交易的牛肉的均衡价格是由供给曲线和需求曲线相交的均衡点决定的，这时交易的数量叫做市场均衡交易量（Q_m）。

但是牛排放的甲烷会引发环境污染，因此

图3-4 边际成本

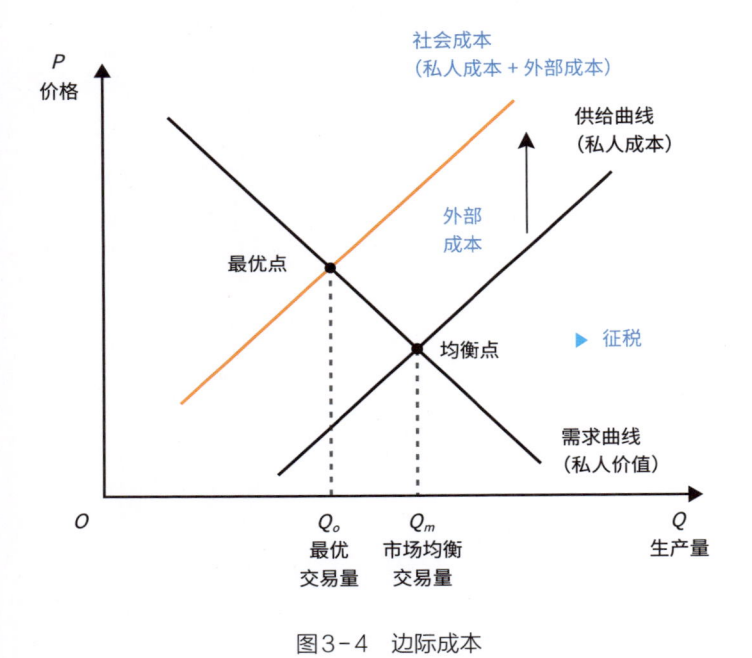

图中的社会成本会比畜牧业所付出的私人成本更大。社会成本曲线位于供给曲线（私人成本）上方，这反映了在畜养牛过程中产生的外部成本。如果将现有的供给曲线向上移动，在社会成本曲线和需求曲线相交处，便可以获得社会最优交易量（Q_o）。

> **社会成本**
> 是指生产者生产财物时，包括生产者在内的整个社会负担的费用。

与社会需要交易的最优水平相比，市场上实际的交易量更多。因为负外部效应，市场出现了问题。但是，畜牧业者常常无须另外支付环境污染的社会成本，因此他们认为没有必要减少生产。

为了解决这一问题，政府会通过向引起负外部效应的主体征收税金等方法让他们支付费用，以引导消费或生产减少到适当的水平。

发生什么事情了吗？表情怎么这样？
一整天都在被负外部效应折磨。
负外部效应？
地铁里有个身材高大的哥哥挡在前面，
导致我看不清前面是什么站。
咔嚓
在电影院，后面的人不仅用脚踢我的座位，还拍照。
在网吧里，一直受旁边抽烟的大叔二手烟的折磨。
啊哈！你是因为别人的行动受到了意外的伤害啊。
没错。负外部效应！
但是这也太过分了。
知不知道，
我的心情有多糟糕。
负外部效应太讨厌了！
怎么可以这样？
好吵！
因为你的唠叨，我受到的压力也是负外部效应吧？
到这程度了吗？嘿嘿。

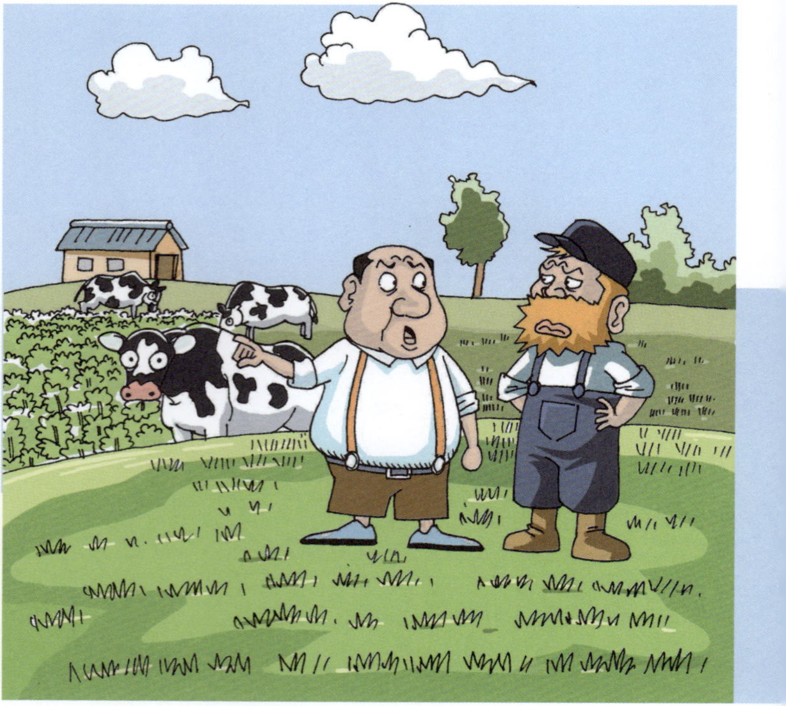

第四章

解决外部效应

　　如何解决外部效应导致的资源配置问题呢？让我们一起来了解一下通过当事人之间的协商也能解决问题的科斯定理是什么吧。

外部效应是市场失灵的原因

在市场上,价格机制决定生产和消费,资源也会随之被有效地配置。但是,如果出现市场失灵,市场将无法再有效地配置资源,导致市场失灵。

> 如果发生市场失灵,财物和服务可能会比人们想要的生产得少,稀缺资源无法充分分配到需要的地方;或者相反,生产得多,可能会造成不必要的资源浪费。

经济学家弗朗西斯·M.巴托在其1958年8月发表的题为《市场失灵的剖析》(*The Anatomy of Market Failure*)的论文中解释说,不完全竞争、公共物品以及到目前为止我们观察到的外部效应是导致市场失灵的原因。

> **不完全竞争**
> 指没有多个供应商的完全竞争市场,而是一人垄断或少数寡头垄断的市场,这时资源分配会效率低下。

这样的市场失灵如何解决呢?我们以上述章节中提到的事例为基础简单了解一下。

我们从发生正外部效应的情况开始。新建的公寓园区的开发商要建造一个美丽的公园,不仅是公寓居民,附近居民也可以自由享用。但是,从公园是在公寓园区内建造,以及公寓业主支付了更高的购房费用的角度来看,会发生附近居民"逃票"的问题。所以在现实中,只有提案仅入住公寓的居民才能使用该公园,以提出限制性条件来解决这个

> **逃票**
> 指坐车不给车费的行为,文中是指享受某种实惠却不支付费用的情况。

问题。

我们不把美丽的公园建造成当地所有居民都可以使用的规模的理由也是如此。为了建造大型公园，公寓的居民需要承担更多的成本。但是附近居民不会支付任何费用，所以开发商都不愿意建造大型公园。因此，政府会出面为每个地区建造公园。

还记得街道上美丽的建筑也具有正外部效应吗？

"是的，但是偶尔会从新闻中听到如此美丽的建筑物被毁了的消息。"

"为什么没有人管理如此美丽的建筑呢？"

实际上，这些建筑物的所有者或使用者认

为，即使管理好这些建筑物，也不能从中获取什么利益。由于不注意管理，这些建筑物受损的情况较多。

这些具有历史意义的建筑物，如果所有者不明，大部分都是由国家出面管理的。国家会颁布法律禁止破坏历史建筑、开展环境改善工作、提供公共便利设施等，来保护这些建筑。另外，政府对这类建筑的维护及管理费用会给予一定程度的税金优惠。

如果公寓园区内的狗叫声或楼间噪声问题给邻居带来很大的不便，也会产生负外部效应。对此，政府会通过对居民进行教育或从法律上禁止引起噪声的行为来解决问题。

政府还会出面解决汽车尾气排放造成的环境污染问题。如果没有限制，任何人都可以不考虑环境，污染大气。为此，在生产汽车时，政府便按照尾气排放许可标准进行管理。另外，对汽车的燃料汽油或柴油征收税金，也可以起到抑制消费，从而减少污染的作用。

政府为了解决外部效应问题做出了多种努力，政府的介入被认为是市场失灵的常见解决方案。

> 政府介入的目的是弥补市场的失灵，更有效地配置资源。

财产权
指独立个人或团体以获取经济利益为目的而享受的权利。

但与此相关，科斯1960年发表的题为《社会成本问题》的论文中提出：在财产权确立的情况下，如果价格机制可以在没有成本的情况下运转，那么资源将朝着生产价值最大化的方向配置。他主张，即使政府不介入，当事人之间也可以通过协商充分解决外部效应问题。让我们了解一下私人经济主体如何应对外部效应。

如果我们自行解决的话

18世纪后期，以煤炭作为燃料行驶的蒸汽火车是主要交通工具。因此，有很多铁路横跨村庄，而铁路周围大部分是耕地。

当时蒸汽火车的发动机的动力非常大，但其缺点是火车越卖力地往前行驶，车轮便会冒出越多的火花。因此，铁路周围的草丛就有可能着火，令田地也跟着着火。但是，在面临着如此大的隐患的情况下，铁路公司依然没有更换火车的发动机，原因不是别的，而是因为费用问题。从外部效应的特性来看，铁道公司认为自己没有必要支付费用，也没有必要预防周边的火灾风险。

在这种情况下，可以考虑由农民和铁路公司直接协商更换火车发动机。假设农民的损失大于铁路公司发动机更换费用。这时，农民会因为自己的损失太大，向铁路公司提议更换火车发动机，而铁路公司也会接受该提议，花钱更换发动机。因为从铁路公司的立场来看，比起赔偿农民的损失，接受农民的建议更划算。

相反，假设农民有耕种铁路边的土地的权利，且与农民的损失相比，铁路公司更换发动机所需的费用更高，那么，铁路公司应该提议农民放弃在铁路边耕种田地，并补偿其由此带来的损失，才符合经济性。这时，农民得到了预计耕作产生的收入作为补偿，就没有理由阻止火车的运行，铁路公司也不会花费更多的费用去更换发动机。

尽管存在外部效应，但通过当事人之间的自发协商，高效的资源配置也能得到实现。换句话说，如果经济主体在资源分配过程中可以没有成本地进行协商的话，他们便可以自己解决外部效应带来的低效率性。

当然，在协商过程中，如果交易成本过高，农民和铁路公司的协商很有可能无法实现。关于交易成本，我们将在后面再讲解一下。

现在，我们知道当事人自发协商是解决外部效应带来的低效性的重要方法。尽管存在外部效应，当事人之间的利益或价值也可以向最大化的方向进行资源配置，从而更有效地解决问题。但是，如果当事人在协商过程中过分追求自身利益的话会怎么样呢？

如果农民只追求自己的利益，向铁路公司提出无理的要求，协商就不会成功。另外，如果农民为了得到损失补偿，无条件地堵住铁路，不让火车通行，乘坐火车的人也会受到很大的损失。

与此类似，如果某企业只顾自身利益，不使用环境净化设施，排放污染物质，会怎样呢？环境会被污染，很多人会遭受损失。最终，为了恢复被破坏的环境，社会成员将共同承担更多的费用。如果人们都过分考虑自己的利益，整个社会都会出现经济效率低下的问题。让我们更详细地了解一下有效的协商过程吧。

农夫和牧场主人的协商

某个农村有一片农田和一片牧场彼此相邻。牧场主人为了生产优质的肉，在牧场放牧。农夫则为了在市场上贩卖蔬菜，在炎热的夏天一直努力耕种。

有一天，因为牧场的牛总是跨越界线来到农田，把农夫辛苦耕种的蔬菜都吃掉，农夫非常生气。农夫要求牧场主人减少放牧，以免给他带来损失，但是牧场主人却说自己也只能以放牧养牛为生，拒绝了农夫的请求。

最终，农夫决定设置围墙，不让牛再越过牧场来到自己的农田。但是当农夫得知设置围墙也需要不少费用时，他陷入了很大的苦恼之中。

各位，以上故事中，农夫和牧场主人出了什么问题？

"牧场的牛给农夫带来了巨大的损失。"

"但是牧场主人也不是故意给农夫带来损失的，所以不知道该怎么解决。"

以上故事是牧场的牛给农夫造成损失，产生负外部效应的事例。但是，农夫和牧场主人中任何一方都不能放弃他们的工作，因此设置围墙是最好的方法。费用应该由谁来承担呢？

"如果农夫有耕种蔬菜的权利，牧场主人就要承担费用。"

放牧权
是指有在田野或山上自由放养牛等家畜的权利。

耕作权
是指有开垦水田或旱田来种植农作物的权利。

"但是牧场主人也有放牧养牛的权利啊。"

要想解决这个问题，我们首先要了解在那片土地上谁可以做出什么行为的权利，也就是财产权在谁手中。在这种情况下，我们必须确认土地是赋予牧场主人放牧权，还是赋予农夫耕作权。当然，在任何情况下，有效利用资源这一事实都不会改变。为了更详细地说明这一点，我们需要了解交易成本的概念。

"科斯老师，交易成本是什么？"

交易成本一词在我1937年发表的《企业的性质》论文中首次使用。企业一般指从事生产、流通、销售产品和服务的工作的组织。我认为，企业的组建是为了减少在以上过程中反复花费的成本，也就是交易成本。《企业的性质》论文中主张，比起个人在市场交易过程中产生的成本，组织和维持企业的成本反而会较少。

交易行为伴随的成本具体有哪些呢？首先是搜索交易所需的信息或寻找适合交易的对象所需要的成本。其次是交易当事人之间讨价还价时需要的成本。另外，确认合同及合同履行等过程也需要成本。这些都是交易成本。

"交易成本为什么重要呢？"

"就是，现在农夫和牧场主人不是私下协商了吗？"

农夫和牧场主人之间的确进行了协商。但理想的情况是，两人协商的过程中不产生交易成本。

现在让我们试想一下牧场主人有放牧权的情况。有放牧权就意味着牧场主人对农夫的损失没有任何赔偿责任。因此，牧场主人会继续增加其养牛的数量。

牧场主人每多养1头牛就会得到一定收益，

所以，牧场主人将会一直增加牛的数量，直到边际收益达到0为止。假设增加到6头牛为止时，边际收益变为0，此时不再增加牛的数量才是经济学上合理的选择。

"如果是我，我会尽可能多地养牛。"
"是啊，对于牧场主人来说，牛不是越多越好吗？"

当然也可以这么想。但是，当我们做出某种行为时获得的满足，也就是效用，是不会持续增加的。大家试想一下吃自己喜欢的冰激凌的情况吧，刚吃冰激凌的时候，凉爽又好吃，我们会感到非常满足。但是继续吃的话会怎样呢？每当冰激凌逐个增加时，我们的满足感就会逐渐减少,最后可能会因为肚子又饱又凉而感觉不到满足。

"是的,我之前就因为拉肚子受了很多苦。"

刚开始让人感觉到满足的行为,如果继续

反复进行，可能会带来痛苦。牧场主人也是，虽然多养几头牛会比养1头牛更好，但如果超过一定数量，牧场主人最终会难以承受，太多的牛反而会给牧场主人带来烦恼。

所以如果不考虑边际收益，一心只想着收益而去行动时，超过一定水平之后，就会造成损失。平衡点就是边际收益为0的时候。因此，理性的牧场主人会把牛的数量增加到边际收益为0时的数量。

根据表4-1，当牛的数量达到6头时，边际收益为0，此时牧场主人不会再增加牛的数量。因为如果超过6头，边际收益就会低于0，总收益也会减少。

表4-1 牧场主人的边际收益和总收益

牛的数量	0	1	2	3	4	5	6	7	8	9	10	11	12	…
边际收益	0	7	5	3	2	1	0	-1	-2	-3	-5	-7	-9	…
总收益	0	7	12	15	17	18	18	17	15	12	7	0	-2	…

相反,从农夫的立场来看,牛的数量越少,对农作物造成的损失就越少。因为牛越多,就会吃掉更多的农作物。如果农夫经过深思熟虑后,要求牧场主人减少牛的数量,会怎么样呢?

"牧场主人认为养6头牛的时候他得到的收益最多,所以不会减少牛的数量。"

没错,请看表4-1中最下面一栏的总收

益。我们可以知道养6头牛，总收益为18时，牧场主人可以获得最大的收益。如果最后牧场主人答应农夫的要求，牧场主人的满足感就会减少，因此，牧场主人是不会接受农夫的提案的。那么，这个问题应该怎么解决呢？

"应该为了给两人都带来利益进行协商。"

"牧场主人每减少1头牛，农夫就会给以酬谢金，怎么样呢？"

好主意，让我们从现在开始了解一下农夫和牧场主人的协商过程。首先从表4-2中看农夫的边际成本。已知，牛的数量越多，农夫要负担的边际成本就越大。但是现在牧场主人有放牧权，所以农夫要通过支付酬金的方法去协

边际成本

是指生产者追加生产一个单位产品时所需的生产费用的增加部分。

商。在这种情况下，要考虑双方的边际收益和边际成本。如果与牧场主人的边际收益相比，农夫的边际成本更高，农夫就会有支付酬劳的意向。

表4-2　牧场主人的边际收益和农夫的边际成本

牛的数量	0	1	2	3	4	5	6	7	8	9	10	11	12	…
边际收益（牧场主人）	0	7	5	3	2	1	0	-1	-2	-3	-5	-7	-9	…
边际成本（农夫）	0	1	3	3	5	5	7	5	3	1	0	0	0	…

在上面的表格中（表4-2），在牛的数量在4头以上的情况中，农夫的边际成本比牧场主人的边际收益高。另外，牧场主人将牛增加到6头时，其边际收益为0。由此可知，最终可以协商的牛的数量是4头到6头之间。

当牛有6头时，牧场主人可以接受农夫的要求，逐一减少牛的数量。当然，牧场主人因此遭受的损失，将由农夫支付赔偿金。

"如果农夫给牧场主人很多钱，让牧场主人连1头牛都不养呢？"

不会的，正如前面所说，只有在农夫的边际成本比牧场主人的边际收益高时，农夫才会支付赔偿金。当牛在3头以下时，农夫的边际成本比牧场主人的边际收益低，所以不会形成交易。因此，在4头到6头牛这一区间，为了让牧场主人减少牛的数量也能获得同样的收益，农夫可以给出相应的边际成本作为赔偿金。

相反，让我们考虑一下牧场主人要被追究赔偿农夫损失的情况吧，也就是法律承认了农夫的耕作权的情况。

因为牧场主人没有放牧权，所以连1头牛都不能养。但是如果牧场主人的边际收益高于农夫的边际成本，他便可以向农夫提出赔偿他的损失，进行协商沟通。通过以上沟通，牧场主人可以养牛，农夫可以从牧场主人那里得到不低于边际成本的补偿金，从而解决问题。

让我们重新整理一下到目前为止农夫和牧场主人的协商过程。牧场主人养牛的最大数量取决于双方的边际收益和边际成本，因此无论是牧场主人被赋予放牧权，还是农民被赋予耕作权，最终都会带来同样的结果，只是谁给谁多少补偿金的问题。重要的是，无论是给任何交易的当事人赋予什么样的财产权，最终资源配置的效率性都会得到实现。

"这意味着私人协商非常重要，是吗？"

没错，比起通过法律或制度来解决，像这样在几乎没有交易成本的情况下（交易成本=0），即通过各主体之间的私人协商，便可以解决外部效应带来的问题，充分实现资源配置的效率性。

我的主张得到了芝加哥学派经济学家的强烈支持，并由乔治·斯蒂格勒（George Stigler）教授正式命名为"科斯定理"（Coase theorem），该理论在许多教科书和经济学书籍中都有介绍。一般说到"定理"，会出现方程式或计算式

> **乔治·斯蒂格勒**
> 他是为产业结构学、信息经济学、规制经济学的发展做出了贡献的美国经济学家。

等,但我的文章中没有这样的方程式或计算式。之所以如此称呼我的这一理论,是因为乔治·斯蒂格勒教授说,比起"理论",他更喜欢将我的主张称为定理。

为了解决外部效应,政府的努力

科斯定理假设在经济主体之间的协商过程中不存在交易成本,但是,在现实经济中,协商的过程中存在很多交易成本,因此很难进行有效的协商。特别是,如果存在巨大的交易成本,仅靠私人协商是无法解决外部效应问题的。

例如环境污染等问题,如果当事人之间的

沟通过程中牵涉的人数过多的话，交易成本会很高。另外，聘请知名律师制定协议书，或者在双方协商过程中僵持不下，导致协商不断推迟，甚至引发冲突和损失，都会产生较高的交易成本。

在现实中，这些很难由群众解决的外部效应问题，有必要由政府出面解决。如果某一方被赋予财产权，影响了资源的配置方式，政府应该考虑哪些权利的价值更大，再决定如何赋予财产权。这时，政府应该向社会损失最小化的方向赋予其中一方财产权。按照拥有财产权的一方的主张，由另一方履行赔偿义务，问题便很容易得到解决。

但我们很难区分外部效应是由哪一方引发的，如果是多人拥有财产权的话，可能会发生

"只要不是我就可以"的问题。而且，许多环境问题是全球性的问题，所以很难设定财产权，问题难以解决。

最具代表性的是全球变暖问题，对于这个问题，人们不可能自发地进行协商。环境污染的问题太过复杂，很难由群众直接通过协商解决，所以政府采取什么政策促进协商、进行改善非常重要。

为此，政府可以通过直接出台政策，禁止或限制企业排放污染物质。实际上，这样的政策对于大幅改善环境，减少污染物质排放是非常有效的。

但是也有人说，从经济角度来看，这不是一项能以低成本改善环境的有效政策。因为每一个排放污染物质的经济主体在施行环保举措

的成本上都存在差异。

因此,有人提议根据各企业排放的污染物质的量来征税,即征收排放税。如果将一定区间的排污量的边际成本制定为排放税,各企业就会权衡是缴税还是减排更划算。这样的政策可以有效地将污染物的排放总量控制在适当水平。

这种排污税又被称为"庇古税（Pigouvian tax）"，以经济学家庇古的名字命名。如果政府能够将税额制定在适当水平，庇古税将成为减少外部成本的有效方案。

最近，韩国政府给一些企业发放了排污许可证，允许在污染企业之间可以进行交易的排污权备受关注。这可以看作是市场内部为了消除外部效应而实施的经济政策。

每个企业的减排成本都不一样，所以它们之间可以朝着对各自有利的方向进行排污权的交易。减排成本低的企业将自行减排，并可以向外销售排污权。减排成本高的企业可以购买排污权，并适当地进行排污。

排污权制度不仅可以将污染物的排放总量限制在一定的水平，还可以调整各经济主体应承担的费用。许多地方都运营着可以交易排污权的电子商务平台。

> 如果发生外部效应，政府可以向产生这些效应的经济主体征收费用或支付补助金，引导财物生产达到适当的水平。

企业为了改善环境，开发减少污染物质排放或不排放污染物质的技术也可以成为一种解决方案。但是开发这种技术的过程也需要成本，因此企业很难自发地推进项目。所以，经济学家庇古主张政府应该向企业支付补助金。这种补贴被称为"庇古补助金"（Pigouvian subsidy）。

这是为了开发减少污染物质排放的技术或设备而提供补助金的方法，在发生正外部效应时也同样适用,将其作为奖励产生外部收益的行动的补助。

比如,为减排的企业减免税金,这是引导他们自发地努力减少污染物质排放的有效方法。与此相关的制度还包括专利制度。

新技术的开发给其他人提供了便利、创造了新知识,因此可以说是一种正外部效应。但如果新技术被非法复制并传播,就会导致企业陷入价格战或无法享受自身的技术优势。因此,也有企业不会轻易开发新技术的情况。

因此,政府给开发新技术的人设定了一定时间

知识产权

是指对个人精神创作活动的结果赋予财产权。

税收

是指国家或地方政府获得财政收入的方法,不用付出任何代价,从国民那里收取金钱或财物。

补助金

是指政府或公共组织为了发展特定产业或鼓励政策,向个人或企业提供的资金。

的垄断权去保护其专利。专利保护制度、知识产权保护制度和版税制度都是"外部效应内部化"的体现。

外部效应内部化是指人们在决策过程中充分考虑外部效应后,调整各自承担的成本的行为。这可以通过群众的协商实现,也可以通过政府的介入实现。

政府引导着市场上发生的权利交易,并主导制订与调整各种制度。税收、补助金等政策的执行,可以有效减少或消除整个市场发生的交易成本。如果政府的努力能够减少交易成本的话,当事人之间的协商解决会变得更容易一些。

"所以要想在现实中进行私人协商,有时还是需要政府的帮助。"

> 即使政府出面弥补市场失灵引发的问题,有时也会导致情况恶化,而不是改善。这种现象被称为政府失灵,为了减少这种现象,有必要放宽政府不必要的限制。

没错。政府除了征税或规定财产权外,还要履行维持市场秩序的基本功能,以解决市场失灵的问题。但是解决市场失灵问题不能全部交给政府。因为政府的介入有时反而会阻碍资源的有效配置,这被称为政府失灵。

在解决外部效应引发的问题的过程中,发生政府失灵的原因有两点:第一是政府对外部效应引发的问题的信息没有充分掌握;第二是政府试图通过不合理的制度或政策限制外部效应或提出流于表面的解决方案。而在这个过程中,财产权和资源可能会被低效率地配置。因此,我们不能盲目相信政府是所有问题的解决者,鼓励其无条件介入市场的行为。

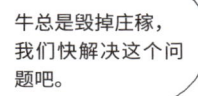

牛总是毁掉庄稼,我们快解决这个问题吧。

好呀。

如果你有放牧权的话,我可以付赔偿金,并希望你减少牛的数量。

← 农夫

如果你有耕作权的话,我想补偿你因为牛啃食庄稼造成的损失,并适当增加牛的数量。

当然我会考虑边际收益和边际成本的!

← 牧场主人

我们可以在养四头到六头牛之间协商。

无论财产权在谁手里,都可以通过协商解决外部效应引发的问题!

幸好呀,哈哈。

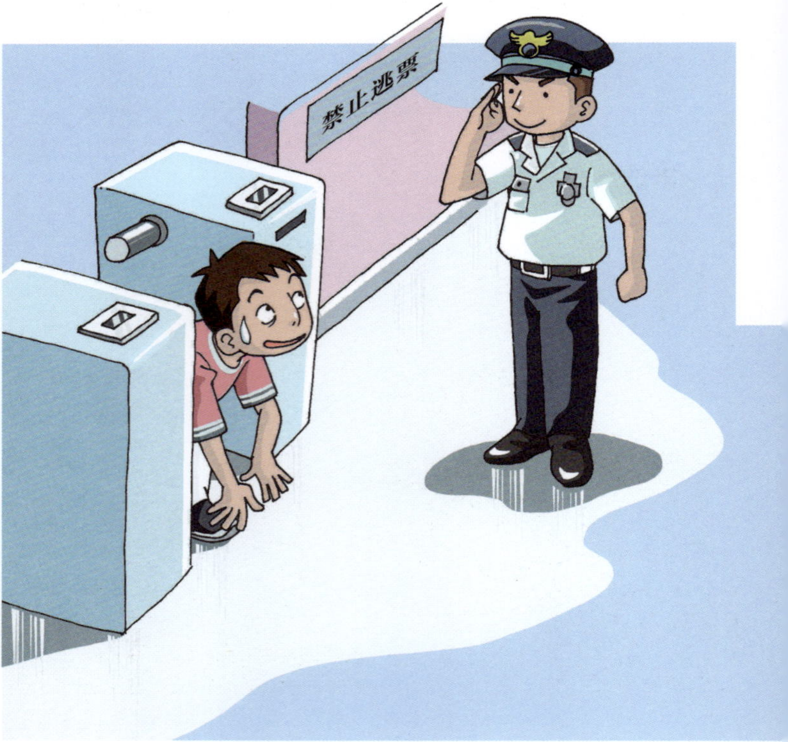
禁止逃票

第五章

公共物品和公地悲剧

　　公共物品和共有资源具有的特性和发生外部效应的情况是非常相似的。通过按特性分类财物，让我们了解一下公共物品和共有资源带来的经济问题。

财物的特性

根据我们使用的财物的特性，可以将财物简单地分为只有特定个人才能使用的私有财物和不是私有财物的其他财物。另外，财物也可以根据交易种类和方式分类。

财物兼具排他性和竞争性。排他性是指财物具有可以阻止其他人使用该财物的特性。竞争性是指不能两人以上同时消费同一财物，可以将其看作是消费者之间的竞争，这样就会很容易理解。

"所有的财物都具有排他性和竞争性吗？"

并不是，只有同时具有排他性和竞争性的财物才会被称为私有财产。我们以手机为例，一个人购买的手机，其他人不能再次购买，也不能一起享受该手机带来的便利，这是因为财物的竞争性。所以私有财产通过市场机构供应，消费者不以该财物的价格支付费用就无法购买该财物，个人购买财物带来的便利也只有当事人可以享受。

但并不是所有的财物都同时具有排他性和竞争性。有些财物虽然具有排他性，但不具有竞争性；有些财物虽然具有竞争性，但不具有排他性。我们在本章中要讲的公共物品是同时具有非排他性和非竞争性的财物。

根据财物的特性，财物可以大致分为四种类型。通过表5-1可以更详细地了解财物的特性。

表5-1 财物特性表

财物	竞争性 具有	竞争性 不具有	排他性 具有	排他性 不具有
私有财产	例：食物、衣服、家具、汽车等		例：食物、衣服、家具、汽车等	
自然垄断		例：电力、自来水、收费有线电视等	例：电力、自来水、收费有线电视等	
共有资源	例：干净的水、大海里的鱼等			例：干净的水、大海里的鱼等
公共物品		例：国防、自然灾害警报等		例：国防、自然灾害警报等

从表5-1中可以看出，私有财产和共有资源具有竞争性。在市场上销售的服装或食物是代表性的私有财产，很多人为了享用美食排队，导致来得太晚的人即使有钱也买不到。最近流行"限量版"这个词，如果有些服装只限量生产销售，那么想要拥有这些服装的人只能争相购买。

共有资源存在竞争性是为什么呢？我们也许认为海里的鱼多到足够地球上很多人吃的程度，但事实上鱼的数量是有限的。特别是由于环境污染，鱼的数量大量减少，如果还有很多人争相捕捞的话，竞争性也会增大。所以在大海或江中，如果垂钓者钓到了鱼，有时也会放生。

"我从喜欢钓鱼的邻居大叔那里听说过这样的话。现在回想起来，原来是因为鱼是具有

竞争性的财物。"

没错，相反，自然垄断的或公共物品在消费上具有非竞争性，无论多少人消费，每一个人能消费的数量都不会有变化。这也意味着，即使消费者再多，市场也足以容纳，同时不会增加额外的成本。

例如，收费有线电视频道一旦供应，即使再多的人消费，也不会产生额外的成本。即使其他人使用有线电视频道，也不会减少我使用该频道的机会。国防服务的情况也是如此。

"但是即使是具有非竞争性的财物，例如，收费的有线电视频道和国防服务的性质也略有不同。"

是的，两个财物间的差异可以用排他性的概念来解释。排他性是指某个消费者在购买并得到一种商品的消费权之后，就可以把其他消费者排斥在获得该商品的利益之外。所以收费的有线电视频道只向支付费用的家庭提供。

使用电力的人支付电费也是这种情况，电力的消费是具有排他性的。但是国防服务是国民们都可以享受的权利，因此即使不付出代价

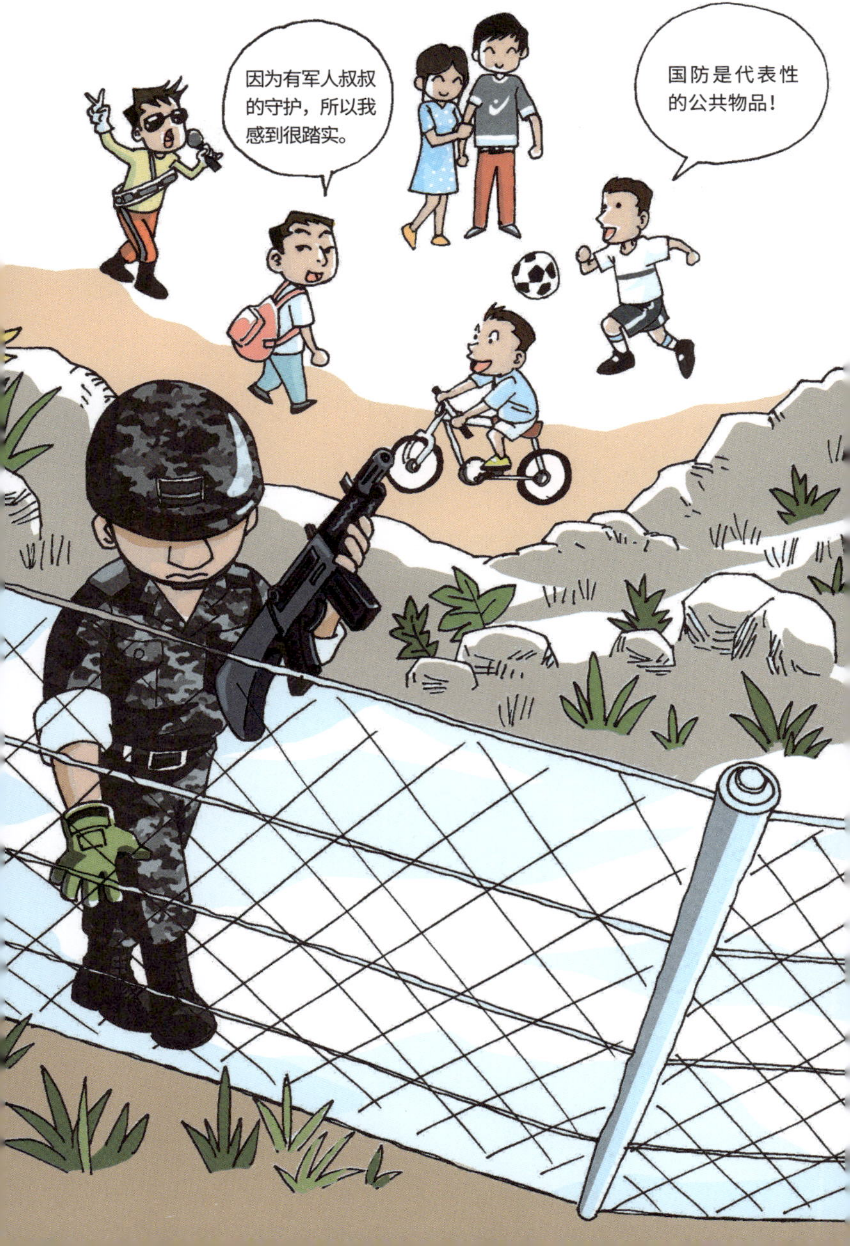
因为有军人叔叔的守护，所以我感到很踏实。
国防是代表性的公共物品！

也没有排他性。大家都理解了吗?

"明白了,国防服务是同时具有非竞争性和非排他性的。"

是的,这种财物我们叫作公共物品。因此,可以说公共物品的特性与私有财产的特性正好相反。从现在开始,让我们仔细了解一下公共物品吧。

公共物品不足的原因

问大家一个问题,无论是谁都可以使用的公共物品有哪些呢?

"街道道路算是吗?"

正确，我们知道的道路、国防、治安、教育等以公共利益为目的的财物都叫做公共物品。因此，使用公共物品的人基本上是不用支付费用的，任何人都可以随时使用。

"但是公共物品的公益性质指什么？"

正如前面所说，公共物品是兼具非竞争性和非排他性两种性质的财物。因此，人们在消费这些物品时无须相互竞争，即使不支付费用，任何人都可以使用。理性的消费者都不会为这种具有非排他性的物品付出代价。因此，公共物品一旦供应，就会出现"搭便车"的问题，这一点值得关注。

"那样的话，只有真正付了钱的人受到了

损失吗？"

是的，特别是公共物品大部分都需要花费很多生产成本，在消费过程中又可能会发生"搭便车"的行为，所以要生产者承担全部成本的情况有很多。因此，如果公共物品的供应增加，尽管消费者可以从中受益，但没有人愿意投入生产。最终，如果将公共物品的生产委托给个人或企业进行的话，社会就会出现需要的公共物品无法充分供应的问题。

公共物品的最佳供给量是多少呢？在财物特性上，如果将公共物品上对每个消费者的边际收益全部加起来，就会得出生产该公共物品的社会边际收益。换句话说，社会边际收益是指所有消费者从公共物品中获得的个人边际收益之和。另外，也可以看作是消费者对公共财产要支付的金额之和。公共物品的最优供应量取决于生产公共物品的社会边际收益与所需的边际成本的关系。

但是，公共物品每追加供应一个单位时，产生的社会边际收益比个体消费者的边际收益（私人边际收益）更大，这就是发生"搭便车"现象的原因。因为个体消费者不愿意支付比自己收益更高的成本。

公共物品的问题与我们前面学到的正外部效应的情况非常相似，当出现正外部效应时，市场上会出现什么问题？

"会出现比社会最优水平的交易量更少生产或消费的问题。"

没错，而且这些情况都是市场失灵导致的。那么，公共物品供应不足的问题应该如何解决呢？

"我们不能用法律来规定人们支付公共物品的使用费吗？"

强制要求对没有竞争性的公共物品收取使用费并不是理想的解决方案。我们已经知道，解决市场失灵产生的问题需要政府干预。公共物品"搭便车"的问题也是一样。

大部分公共物品是我们生活中必需的，因此政府应该负责供应。实际上，大部分情况是政府以通过我们向国家缴纳的税金获得的财政收入为基础，进行直接供应。这可以看作是政府为解决公共物品不足导致资源配置效率低的问题而做出的努力。

"如果政府出面,一切问题都会得到解决吗?"

当然,如果政府出面,公共物品的供应问题可能会得到解决,但不能完全解决个人的"搭便车"问题,因为有些人连税金都不按时缴纳。请仔细听下面的故事。

在海上有一座灯火通明的灯塔。这座灯塔是依靠村民们缴纳的税金运营的,虽然也有几个人不怎么缴纳税金。因为即使不缴纳税金,也完全不影响他们利用灯塔中发出的灯光。

于是发生了生气的灯塔看守员不愿意打开灯塔的事情。因此,准时缴纳税金的人在黑暗的海路上航行也遇到了很大的不便。最终，村民们聚在一起讨论这个问题，灯塔管理者向政府提议，建议将灯塔改为私有财产，并收取使用费。

以上故事中，灯塔属于公共物品。因为灯光具有即使不缴纳税金，也不会看不到的非排他性，不管其他人是否使用灯塔，任何人都可以看到灯光。

> **保罗·萨缪尔森**
> 美国经济学家，从数学上证明了公共物品需要政府生产。作为新古典主义的代表人物，他获得了第二届诺贝尔经济学奖，他的著作《经济学》被誉为经济学的教科书。

经济学家保罗·萨缪尔森（Paul Anthony Samuelson）在他的著作《经济学》（Economics）中表示："公共物品灯塔的建设因外部效应而产生问题，因此政府应该介入解决。"

因为公共物品的特性，这类财物只能由政府出面供应，这一点前面已经讲过。但是就像在解决外部效应时，通过当事人之间的协商也可以私下解决一样，"搭便车"的问题也有群众出面解决的方法。科斯在1974年10月发表的《经济学中的灯塔问题》(*The Lighthouse in Economics*)中举出了群众比政府更成功负责灯塔建设的事例。

在过去的英国，灯塔管理者们从政府得到灯塔建设许可后，当船只停泊在港口时，他们会根据停泊次数直接向船长征收灯塔使用费。这时，船长们有"搭便车"的苗头，所以灯塔管理者们决定向港口的业主收取使用费。最后的结果是如果港口的业主不缴纳使用费，灯塔管理者就会熄灭灯塔的灯，船也不会开进黑暗的港口里。

如果某个灯塔只允许支付使用费的港口业主使用,那么这个灯塔就是私有财产。这个方法可以解决公共物品的"搭便车"问题。

但是与政府管理灯塔时相比,私人管理者收取的使用费逐渐上涨也成了问题。此后,英国政府为了防止私人部门的灯塔管理者提高使用费,购买了所有私人灯塔,但实际上最后灯塔的使用费并没有降低。

公地悲剧

公地是指具有非排他性和竞争性的财物。共有资源与公共物品相同之处是在不支付代价的情况下一样可以消费;与公共物品不同的是如果一个人消费的共有资源多,别人的份额就会相应减少。

例如，公园的一棵苹果树上结着苹果，谁都可以随意摘。但是如果第一个来的人把苹果全部摘走了，别人就会失去摘苹果的机会，这是因为苹果作为财物具有竞争性。我们将通过与此相关的故事，详细讲解共有资源，让我们先看看下面的故事。

村子里有一块没有主人的草地，大家都可以使用，于是村民们在这片草地上养牛。起初，每个人都拥有一头牛，村民们把多余的牛奶或奶酪卖给附近村庄，获得了很多利润。因为他们共同使用草地，所以养牛不需要太大的费用。但是随着时间的推移，人们开始为了获得更多的利润而增加饲养的牛的数量。因此，在共同使用的草地里，一直增加的牛的数量导致草地无法承受如此多的牛来啃食。虽然村里的牛吃饱了，但是茂盛的草地渐渐变成了荒地。

这个故事是1968年加勒特·哈丁（Garret Hardin）在《科学》（Science）杂志上发表的论文《公地悲剧》（Tragedy of commons）中的故事。让我们来说说在这片草地上，也就是公有土地上发生了什么事情呢？

公地悲剧
这是盲目使用没有明确规定财产权的资源从而导致资源枯竭的悲剧现象。

发生外部效应时，个人负担的费用和社会负担的费用不同，因此社会整体需要的财物和服务的生产量和实际生产量之间会出现差异。

"村民们随意使用公有土地，结果草地变成了荒地。"

没错，这是村里的人们只追求自身利益的结果。

当然，从个人的立场来看，尽情使用公有土地养更多的牛是合理的选择。但是从公共性的角度来看，由于村民们的盲目使用，公地变得乱七八糟，因此是不合理的选择。加勒特·哈丁通过这个故事展现了"私人合理性（个体合理性）和公共合理性（社会合理性）不一致"的事实。

共有资源只能免费提供，如果个体追求私利的行为得不到调整，导致环境被破坏，就会发生上述公地悲剧的情况。那么与此类似的例子还有哪些呢？

"为了开发商业而砍伐树木也会产生问题吧？"

没错，人类为了开发亚马孙河流域，对热

带雨林进行砍伐也是同样的问题。除此之外，我们经常通过媒体看到河流污染导致鱼类灭绝的悲剧。

最近各国的石油使用量快速增加，到了需要开发新资源的地步。因此，印度尼西亚苏门答腊岛为了种植石油植物，过度且不适当地开垦热带雨林，导致猩猩的栖息地正在消失。

让我们来了解一下如何解决共有资源滥用的问题。共有资源滥用的问题与前面学到的负外部效应发生时的问题非常相似。负外部效应的代表性事例大部分都与环境问题有关，那么，为了解决负外部效应问题，政府应该做出怎样的努力呢？

"征收庇古税，以减少污染物的排放。"

没错，解决共有资源滥用问题也与此相似。政府可以直接管理共有资源，让人们缴纳使用费。

"我还记得前面讲的为了改善环境而发放污染物排放许可证的事例。"

是的，共有资源也可以发放使用许可权，并像污染物排放许可证一样可以进行交易。对共有资源给谁带来了高收益，这个人就会考虑购买其使用许可权。人们可以根据各自的利弊权衡进行有效的交易，这是一个有效的解决方案。

共有资源被滥用是因为所有人都是根据个人私利而行动。没有人意识到共有资源是属于我们所有人的。因此，对此问题的根本解决方案是确定共有资源的财产权，即把财产权赋予某个人。因为共有资源一旦成为私人财产，人们就不能不支付代价而滥用。但是，这在现实中很难实现，为了下一代，我们有必要不滥用共有资源。

扩展知识

超越公地悲剧

我们使用共有资源时，需要有为下一代着想的智慧。因为，如果出现个人因自私而不想承担道德责任的道德风险，那么由此造成的损失最终会落到所有社会成员身上。

避免这种公地悲剧的方法是，利害当事人有意识地努力守护公地，同时由政府制定制度性的保护措施或对策。传统的方法始终主张共有资源私有化或以政府强有力的制度为基础进行管理。

但是对于共有资源的问题，有学者提出了

与以前不同的解决方案。这位学者就是2009年首位诺贝尔经济学奖女性得主埃莉诺·奥斯特罗姆（Elinor Ostrom）。她认为不仅渔场、草场是共有资源，连知识也是共有资源。

埃莉诺·奥斯特罗姆提出了对公地悲剧的解决方法。她主张，比起依靠市场、民间企业、政府解决公地悲剧，通过由社会成员之间的"集体行动"和"自主组织"可以更好地解决公地问题。此外，她还介绍了以集体行动机制为中心，长期以来对共有资源妥当管理的各种自治案例，如：瑞士和日本的山地牧场及森林中的公共池塘资源，以及西班牙和菲律宾群岛的灌溉系统的组织情况。另外，她还列举了土耳其的两个沿岸渔场、加利福尼亚盆地地区的地下水系统、斯里兰卡的渔场等共有资源制度的失败案例。

在我们所知道的传统经济学中,人类行为的合理性是从个体角度出发的。从这方面来说,尽情使用公有土地的村民们的行为就是合理的行为。但是,这种合理的个人行为,使所有人的公有土地都荒废了,最终导致居民全部遭受损失。对此,埃莉诺·奥斯特罗姆教授主张,不能只关注人类的个体合理性,而要关注集体合理性,通过以成员间持续的信任关系为基础建立集体行动机制和自主组织,就可以超越公地悲剧。

在村里的公有土地上，有很多牛可以自由地吃草。
把牛养大生产牛奶和奶酪！
村民们开始养更多的牛。
尽情吃，茁壮成长吧！
要再多养点牛才行！
牛太多了，这样下去草都要没了。
这样……
草地变荒地。
呜呜呜，看来是我们太贪心了。
这就是公地悲剧。
因为共有资源是有竞争性的。
都是因为你才毁了村里的公有土地。
才不是，是因为你。

结语

没有交易成本的话……

市场具有通过价格机制有效配置资源的功能，但是市场不可能总是完美的，因此需要我们努力解决问题。我们把这种由市场导致的问题称为市场失灵，一般情况下，政府应该介入并解决问题。

外部效应是导致市场失灵的代表性原因，它指的是一个经济主体的行动，无意中给其他经济主体带来利益或损失，但不为此支付或收取任何费用。

如果发生负外部效应，就会产生社会损失，社会成员的福利水平也会随之降低，造成资源配置效率低下。

如果产生正外部效应，因此受惠的人会希望产生更多的正外部效应。但是大家都记得吧？因为受惠者不用付出任何代价，所以实际的生产或消费量比社会最优需求量更少。在这种情况下，如果政府出面提供补助金，经济主体就会根据补助金的数额扩大生产或消费。

相反，如果产生负外部效应，就会有遭受损失的人。但是负外部效应的始作俑者不用向任何人支付费用，因此实际生产或消费会比社会最优需求量更多。

在这种情况下，政府可以采用直接限制或

征税等方法。产生负外部效应的经济主体们认知到当他们造成负效应时需要缴纳税金，就会主动减少生产或消费，减少社会损失。

但是根据科斯定理，即使政府不介入，人们也可以通过个人经济主体之间协商解决外部效应问题。与此理论对应的论文就是《社会成本问题》，这篇论文的代表性内容如下：

"如果个人主体在资源配置过程中不支付任何成本就可以进行协商，那么他们自己就能解决外部效应带来的低效率问题。另外，如果协商的交易成本高于协商的收益，那么协商前法律赋予各方的权利就会对资源的配置产生影响。"

——《社会成本问题》

科斯主张，政府没有必要通过税收或补助金等法律或政策来纠正外部效应。即使存在外部效应，在没有交易成本的情况下，个人经济主体都可以通过当事人的自发协商，实现资源配置的效率性，外部效应导致的低效率性可以由当事人自己解决，无论财产权在谁手中。科斯为政府介入市场失灵的问题提供了新的视角。

但是，从现实来看，为了解决负外部效应，交易成本会很高，因此政府有必要在一定程度上介入。因为排放环境污染物的经济主体往往只考虑自己的利益，将其责任转嫁给社会，自己不想承担责任。

如果这种现象持续下去，像因全球变暖导致的海平面上升最终将被淹没在大海中名为图瓦卢的岛国一样，我们也有可能面临巨大的困难。

社会对环境和生态的关注度越来越高，希望读过这本书的大家能够以今天学到的经济理论为基础，思考在生活中可以实践的事情。

134 ◆ 科斯：外部效应